U0519605

The reading experience from a serial entrepreneur

躬身入局

○ 张高兴 著

四川人民出版社

图书在版编目（CIP）数据

躬身入局：连续创业者阅读图谱 / 张高兴著. —成都：四川人民出版社，2021.7

ISBN 978-7-220-12279-8

Ⅰ.①躬… Ⅱ.①张… Ⅲ.①企业管理－通俗读物 Ⅳ.①F272-49

中国版本图书馆CIP数据核字(2021)第058483号

躬身入局
连续创业者阅读图谱

张高兴 著

特邀策划	张 奇
责任编辑	王其进
封面设计	@粉粉猫设计
版式设计	王婷婷
责任校对	舒晓利
责任印制	祝 健

出版发行	四川人民出版社（成都槐树街2号）
网　址	http://www.scpph.com
E-mail	scrmcbs@sina.com
新浪微博	@四川人民出版社
微信公众号	四川人民出版社
发行部业务电话	（028）86259624　86259453
防盗版举报电话	（028）86259624
照　排	四川胜翔数码印务设计有限公司
印　刷	成都东江印务有限公司
成品尺寸	110mm×180mm
印　张	9
字　数	130千
版　次	2021年7月第1版
印　次	2021年7月第1次印刷
书　号	ISBN 978-7-220-12279-8
定　价	58.00元

创业六年，在每一年的十二月三十一日，我都会被堵在路上；那一天行程最满，因为要感恩答谢，见见要见的人。冬日温暖，在路上堵着，不免会想起过去的一年，想起她的严厉、她的柔情似水、她的不负苦心、她的因果、她的轮回……每一次我都暗暗许愿，要奉献我的天真，我的虔诚，我的爱，我的诚实，我的努力，并相信命运会给予我善意曼妙的安排。

老朋友见到我，说着"士别三日，当刮目相看"，夸我进步飞快，像是换了个人。其实我从未改变，还是当年那个在报社昏暗的灯光下夸夸其谈、手舞足蹈的少年；改变的是认知体系。我可以把秘密告诉大家，那就是看对书。

1. 看好书；

2.连续看在逻辑上有关联的好书，而不是劣书、闲书、杂书。

六年来，我连续阅读了三百余本"对的书籍"，对自我、专业、行业，以及生命都有了新的认识。然后，我开始研读哲学。

好书总能相互印证，让我得以飞速成长。

在此，我精选了一百本好书；于茫茫书海中勾勒出有趣、有用、有价值的线索和轨迹，以期与同行者一起进步。

愿我们的所有困惑，都能在书中找到答案。

目录

100 本书经

100本书经

——

躬身入局

1

传家：中国人的生活智慧

/

姚任祥

一次性买了两套，一套自留，一套送给了朋友家的孩子。很考究、很台湾的恋物书。这里的"台湾"是个形容词，可以生动、如水流动般地弥合我们急切、鲁莽、粗糙、善忘、无序的生活。这套书共有春、夏、秋、冬四部，以摄影、设计、漫画等形式描绘出了中国民俗中的唯美底色。掩卷怅然，原来眼下只是受活，不是生活。

2

世间的盐

/

高军

　　书写者是沉默的话痨，也是勤奋的匠人，把那些路过的人、经过的事，叮叮当当地凿刻在脑海里；年深日久，必然无法实话实说，而是按照想象中的样子投射而出。多情之人钩沉往事，喜愈喜、悲愈悲、妍愈妍、丑愈丑，各自分明。

3

万物静默如谜

/

维斯拉瓦·辛波斯卡

每年都会买一本诗集，通常是为了凑邮费而放进购物车里的。书到了，不会迫切地去读，终有天，迟疑地撕开塑封，读两页，而后惊异于那"天上人间"的文字组合。夜莺在鲸鱼腹内啼唱，猛虎在蔷薇丛中奔狂。我被诗人的语言击中，目瞪口呆，却又总不会读完，算是给未来摇椅上的自己留点余粮。

4
乡关何处

/

野夫

　　柴静被疯转的一篇博客，火了野夫和他的书。我得了个网签。对于这种笔走天涯，道是无情却有情的昂藏大汉，毫无抵抗力。

5

如丧：我们终于老得可以谈谈未来

/

高晓松

　　高晓松，望之四十许，烟火色、眼袋、胡子拉碴。俗物在岁月中吃掉了那个一尘不染的少年。七十年代，白衣飘飘，当是时，爱更像是爱，友情更像是友情。后来，人们用青春血肉供养出了一个怪物，还默许它吃掉自己。

6

树犹如此

/

白先勇

翻开这本散文集，直接跳到同名文章《树犹如此》；五分钟之后，准会哭成泪人。对恋人病重之际的陪伴，病故后的思念，白先勇未著一字悲情，却令人痛彻心扉。因为在电视采访里见过他，所以读他文章时觉得代入感很强。小院里那两个愁容满面却强作欢颜的斯文书生，终未能一生相守。

7

巨流河

/

齐邦媛

先后买了两本，一本繁体，一本简体。对两岸话题感兴趣的人一定要读读。作者在家国离乱的大背景下，掀开了个人深不见底却无处鸣冤之苦。这两年有个词很流行：个人史，或者说私人史，强调的是个人叙事对官方叙事的补充和揭示，甚至反击。这本书正是如此。

8

父后七日

/

刘梓洁

　　家是世上最小的组织，骨血是家的密码。这位作者以前似乎从未写过书，这本书是她在父亲死后所写的日记，后来被改编成了电影，并获得了金马奖。催泪到不行，每次看都会在心中默念：慧极必伤、情深不寿，并能感受到作者通过这本书传递出的不一样的生命叹息。伤怀也是值得的。

9

格调：社会等级与生活品味

/

保罗·福塞尔

值得反复读。作者对阶级和人性的洞察堪称一绝。中国好像很少有这样的观察家或生活哲思者；在国外，亨德里克·威廉·房龙等人的书都挺通俗好看的。

或许读书无用论是对的，书读来干什么？马上涨工资？升职？花开富贵？心想事成？读书不过是一种不功利、略悠长的快乐罢了。

读书成不了时尚，读好书又不能言传；锦衣夜行，还不如挎在臂上的一款名包更能招呼同好。读书不代表品位，看书多年，仍觉自己品位太差；好读书和读好书是不一样的。

然而又不能不读，读书让两个跨越空间、时间、文明的灵魂在心智上有了刹那交会；让苦行于大海中的孤舟凭借旗语、灯语、信号弹，突然发现来者竟是自己人。那种宽慰和解脱，是无法向他人言说的。读书的人好走神，灵魂出窍的时候，也许正是有好句子、好故事在脑海中反刍之时；书香上脑，清风自来。

10

圣殿春秋

/

肯·福莱特

超级厚，超级好看。读过这本书，是我后来在世界各国美术馆中，面对中世纪的画作，尚能看进去的重要原因之一。跟着它遍历各种各样的作品，由此对中世纪欧洲的宗教、符号学、建筑学有了最初的窥探之心。

11

关键对话：如何高效能沟通

/

科里·帕特森、约瑟夫·格雷尼、罗恩·麦克米兰、艾尔·史
威茨勒

那一年我买了十余本工具书，翻过后都送给了
朋友。这一本反复读了几遍，深知此事需躬行。买
黄黑色皮的那本。

12

道德经

/

老子

　　工具既能向外拓展，也能向内延伸。当你对生活感到失望，对世事有所沉思时，不妨去《道德经》中找回平衡。全球非常非常多的企业家、艺术家都宣称自己的灵感来源于《道德经》，或者最喜欢的书就是《道德经》；身为中国人的我们自然不能错过。

13

少有人走的路

/

M. 斯科特·派克

机缘巧合之下，这几年我断断续续地接触了一些心理学书籍，质量都还不错。看书的过程对我本人来说其实是一场疗愈，让我知道了自己的狭隘、恐惧、黑暗能量究竟来自何处；一旦对它们的成因有所了解，窗户纸便一捅就破，于是得以面对和破解自我。

了解自我，才有机会成就更好的自己。

14

名牌至上——亚洲奢侈品狂热解密

/

拉哈·查哈、保罗·赫斯本

先是日本，再是韩国，如今是中国，亚洲力量何以能救赎全球奢侈品市场？尤其是东亚人，何以在根深蒂固的阶级观、阶层观之下，与奢侈品产生交集？

15

百年孤独

/

加西亚·马尔克斯

每次想到这本书，我都会莫名战栗，为了那宏大叙事、神秘莫测，以及宿命，但是不知道为什么，我与这本书竟仅有一面之缘。经历过一次阅读快感之后，我再没有拿起过它，真羡慕那些从来没有读过这本书的人啊！《百年孤独》和《白鹿原》同属历史虚无主义著作，看至结尾，满腹怅然，不知今夕何夕。

16

坏血

/

约翰·卡雷鲁

　　这本书的主人公比这本书要红，尽管这本书被比尔·盖茨两度推荐，作者也是普利策奖得主。作为一部纪实类揭秘作品，该书揭开了硅谷风头最劲的女创业者的弥天大谎——她骗到了千万美金投资、骗到了医疗巨头合作，甚至骗到了她斯坦福大学的导师给自己打工。奇怪的是，过程中没有人发问或者SAY NO(拒绝)。在狂飙突进的中国市场中，每一秒钟都有奇迹发生，创业者和投资人看看这本书挺好。

17

灵活用工

/

冯喜良、张建国、詹婧、谢丽霞

人才是企业家最宝贵的资源，但是当前形势下，自主创业的门槛低之又低、"斜杠青年"的选择越来越多，这让企业和人的关系变得若即若离。全然背负人员成本，企业的压力太重；放弃链接优秀人才，则会丧失掉员工竞争力。这本书示范了多种灵活雇佣的方式——人才像是优盘，企业像是主机，插拔自由，来去有依。

18

彭博商业周刊

强烈建议创业者们订阅这本期刊：第一，价格划算，二十块钱；第二，拥有国际视野；第三，擅长做表；第四，高铁站、机场随手可买，可以在飞机上了解一下国内外的财阀最近都在做什么。

19

当餐饮经营遇上了创意：一个概念赚一亿

/

菲利普·詹姆斯·罗曼诺

这本书太好了，向营销人强烈推荐。所谓创意，就是在任何时候，任何细节上比别人多做一点。我前后买了六本送人，都快把淘宝买空了。这哥们作为美籍意大利人，先后创立了十几家餐厅，以及餐饮企业，其中三家在被收购后都跻身全球十大餐饮连锁的行列，传奇吧！

20

低智商社会：如何从智商衰退中跳脱出来

/

大前研一

大前研一的很多书我都看过，他也算是很会著书的人了。作为麦肯锡咨询中心职位最高的亚洲人，他很善于结合时代变迁，输出一些商业结论和时代观察。奇怪的是，日本职业作家都特别高产，是因为出版业发达，还是因为阅读者众多，我不得而知。

21

微信思维

/

微信团队、萤火科技 联合策划

谢晓萍 主编

    案例书。微信团队的人特别会干活，跟受众、商家和粉丝的沟通方式从来都是设计过的，新奇、有效，且能得到足够重视，比如这本推广自身业务形态的书。

22

参与感：小米口碑营销内部手册

/

黎万强

小米这本书比《周鸿祎自述：我的互联网方法论》差远了，自吹自擂、喋喋不休，而且目的不纯。唠来唠去的，气"死"我了。不过有一个观点我很喜欢，那就是雷军总是拉着黎万强说："这个事你试试能不能不花钱干成啊？"

23

科学的广告 + 我的广告生涯

/

克劳德·霍普金斯

　　自打开始创业，读起工具书来总是津津有味，无他，唯有用尔。书中自有黄金屋，从来都不是空谈，读得多了才能有所展现。

24

定位：有史以来对美国营销影响最大的观念

/

艾·里斯、杰克·特劳特

2017 年，作者之一杰克·特劳特去世了。大师谢幕，再无仰止。中国的加多宝之所以能营销成功，正是应用了定位法则。能从自身工作中提炼出放之四海而皆准，且能兼济后辈的方法论，大师也。

25

写在人生边上

/

钱锺书

　　钱锺书是我最喜欢的作家。不是有句话说嘛，知道哪些是你能改变的，为之奋斗叫做激情；知道哪些是你不能改变的，顺从命运叫做智慧。这本书可谓是智者行至晚年对人生风景最凝练的提纯，读之令人欷歔。

26

周鸿祎自述：我的互联网方法论

/

周鸿祎

　　说到这本书，就不能不说周鸿祎的可爱，他把自己的心机和曾经的卑劣行径都直言相告了。建议创业者读读这本书，因为书中提到的工具还是非常好的。工具没有对错。成大事者既能高屋建瓴看格局，又能小事精明究细节；周鸿祎两者兼具，还有点痞性，不成大事都难。

27

白夜行

/

东野圭吾

别的不佩服，我就佩服高产量、高质量的作家，年年出书，本本精品。我就想知道东野先生吃的是哪个牌子的护脑保健品。

28

我读管理经典

/

陈春花

在中国当代的管理学者中，陈春花教授的勤奋和表达能力真是首屈一指，在企业管理方面，她有很活跃的实践交流。有一次，我和南开大学商学院的赵军教授聊天，聊到了陈春花，这位擅长讲人力组织的老师也对她称赞有加。赵军教授是我很敬重的老师，他的认可也强化了我的某种认识。我经常看陈老师的新书，还形成符合自己企业语言的演示文档对中层干部进行转训，效果还是很好的。

29

第九个寡妇

/

严歌苓

看《第九个寡妇》，泣不成声，眼睛肿得像桃，再想看《天浴》，竟然心生怯意。于是去海边兜风，看看天，看看帆。这么好的城市，拥着一片海，那美丽宁静的浪轻轻拍打着，然而文学带来的惆怅却并未散去。总是在读书时感受到乌合之众的蒙昧，领悟到人心不可直视；善良和明智是多么微弱的光亮啊，感谢那些照亮黑夜的如豆火光。

30

为何家会伤人

/

武志红

这本书深入剖析了中国家庭的亲子关系、夫妻关系等。结合九型人格来看，你会对自我觉醒和家庭关系，以及爱的意义萌生出新的认识。

我和武志红老师的缘分长达四年，先是看了这本书，后来在"得到 App"上买了他的心理学课程，并向大家做了推荐。他是当下最执着于捕捉中国家庭心理隐痛之人。

31

陆犯焉识

/

严歌苓

严歌苓真是个了不起的作家。比起莫言和陈忠实笔下的家族式全景视角,她的女性叙事视角更具象,常常聚焦于一个人物,特别是女性人物身上。那些由时代变迁带来的创痛和淡定、不公和不平、冤屈和耻辱、真情和救赎,深入骨髓,历历在目。

32

冰与火之歌

/

乔治·R.R. 马丁

维斯特洛大陆的架空就像是被神掩盖了的地球某一阶段的文明，而这文明被马丁偷窥、梦解了。马丁神人也，译者神人也。卷二后不得卷三，卷三后等待卷四的急切，犹如成瘾，抓心挠肝。盛夏读此书，枕边有群鸦盛宴，窗边是权力游戏，马桶边呼啸着冰雨风暴。

冷酷如许，纯情如斯。在冰与火激战正酣的维斯特洛大陆上，冷酷、罪恶、权术、屠戮，无常上演，凌虐人心。然而，在无涯的恶中，却又盛放着特别纯情的花，像提利昂对雪伊，像伊哥蕊特对琼恩，像神秘刀客对艾莉娅，像詹姆为了美人跳下熊圈，像女野人背着布兰远赴长城。这纯洁的爱、信任、承诺、友谊，是铁幕中难忘的温存，是人性美的底色，好喜欢。

33
活着

/

余华

少时读书，令我掩卷而泣的是《平凡的世界》，让我想弃书而逃的是《活着》。书里一波未平一波又起的苦难，如胸中磐石，压抑着愤懑。如今方知，作家并非笔力壮阔，只是清醒、耐心地记录了生活，如此而已。茫茫人海，恒河沙数，人人都是强者，人人都负重着、经历着，明知生活不易，却尽力跋涉。

34

经营者养成笔记

/

柳井正

　　该书作者是优衣库的创始人柳井正，他一度荣登世界富豪榜第一位。优衣库的管理哲学涉及多单品管理、低毛利管理、一线经营者养成等在新消费领域时髦又解渴的理念。这本书还有一个小小的笔记本，训练经营者建立自己的经营感受和管理习惯。

35

重振通用：我接管通用的岁月

/

埃德·惠塔克里、莱斯利·考利

商业巨子的回忆录通常都特别好看，尤其是本人亲笔写的，更值得一看，书中的坦诚和历史细节往往超乎想象。中国人向来轻商，"重利益轻别离""无奸不商"之类的俗语都是在讽刺商人的逐利性，表达了群体对商人的不信任。

其实，卓越的商人在某种意义上和奥运选手一样，也是在挑战更高(业绩)、更快(决策、把握机遇)、更强（心理素质、过劳），但遗憾的是没人认可这一点。

36

道士下山

/

徐皓峰

一生气，把电影《道士下山》原著小说给看了，根本就是两个世界。在笔意上，作者像还珠楼主一样懂得留白；对道教中的掌故、玄学，以及神秘事物都描绘得不错，好看极了。书是"月半弯"的神秘和想象，而电影是"傻圆月"，满满的。后来又看了徐皓峰的其他几本书：《棋手》《箭士柳白猿》《师父》，都是在观影之后，连夜看完的。作者文风自成一派，故事性很强，给人带来的阅读感受颇似还珠楼主和梁羽生，而且他笔下的故事都发生在我所在的天津，因此我读起来觉得很亲近。

37

美味店家连菜单都很好吃

/

日经餐厅

餐饮老板一定要看的书，无论如何也要买到哦！忽然发现，现在经营得很好的一些餐厅都拥有类似的"菜单经验"：重点菜品加红线；套餐放前面；做大酒水饮料板块；排版重点突出。拿走吧！

38

场景革命

/

吴声

2015 年出版的一本很值得看的书。现在，关于互联网的书大概分为两类，一类是《失控》这种，由互联网预言家写就；另一类是《场景革命》和《周鸿祎自述：我的互联网方法论》这样的，作者是互联网规律的总结者。两类都可以读一读。在互相印证之下，前者会让你心惊肉跳，后者会让你心有戚戚。《场景革命》很好看，有大量的商业例证和示意图，可以读读。

39

给伊夫的信

/

皮埃尔·贝尔热

　　同性恋人之间的爱，有时更加隐秘、炙热，面临的考验也更多。看他们的故事，换一种爱的角度。

40

枕草子

/

清少纳言

　　这本书太好看了。对于世上最败兴的事，写得见情见性。

　　今夕枕草睡，昨夜闻歌眠。世事趣多多，俯仰晨昏间。动念赠书者，手有香余连，愿你小确幸，好茶好开卷。

41

大败局

/

吴晓波

现在这个时候喜欢吴晓波好像有点太过时髦了。他实在是成名早的大才子。2008 年，我陪郑爱敏老师去拜访时任天津中海副总的郭磊。先是看到在书柜显眼的位置上摆着《大败局》，后又听见两人兴致勃勃地聊吴晓波。完全听不懂的我如坐针毡，回去就买了本《大败局》，只看了一眼就陷了进去；看完又昏天暗地啃起了《激荡三十年》。哪见过写企业史写得这么精彩的啊，笔法就像金庸一般。那时候，床头床尾总散落着吴晓波的书，都看完了，也不收拾，早起随便摸一本读读，睡前再来一个章节。就这样，认识了褚时健、史玉柱、李书福，懵懵懂懂地知道了企业生死兴衰的宿缘。史可以镜鉴，而企业史、经济史带给平常人的启示则更多。吴晓波是这个时代少有的记录者。

42

创京东：刘强东亲述创业之路

/

李志刚

看完《创京东》，印象最深的一句话是刘强东说的："所有的失败都是因为人不行。"非常佩服刘强东，他拥有敏锐的商业嗅觉；京东的三个重大决策（转型电商、开启全品类、自建物流体）都是其一己之见；他要求极其高效的执行力，对下属虽然十分苛刻，却又给予了充分的授权，以便让下属能施展能力和抱负。如果还做不好，那就是你能力有问题。

43

格局逆袭

/

宗宁

宗宁就是电商顾问"万能的大熊",主要给微商、淘宝商家提供咨询服务。一开始,我订阅了他的公众号,后来付费买了他的直播。唉,体验感别提有多么不好了,然后又买了这本书。可怜的创业者,对于知识、方法论、信心的渴求,是上当都无法阻止的啊!

这本书还是很值得一读的,有一些针对中国社会独有的底层逻辑的解读,很男性化、很铁口直断,个人认为也颇有道理。

44

高频交易员：华尔街的速度游戏

/

迈克尔·刘易斯

在这本书里藏着很直接的广告法则，我要找出来。世界上只存在两种高频交易的东西，那就是股票和电商广告！你相不相信，未来有一天，中国有可能出现自己的广告大盘，电商广告的点击价格将可以像股票交易一样用 K 线发布。

45

答案

/

约翰·亚萨拉夫、墨瑞·史密斯

《答案》来了，第一天就成为公司里的"圣经"。很多小朋友都用了，很喜欢。《答案》一书真是体现了当代出版业的变革，全书有一千多页，估算下来只有一千多个短句子，却卖出了高价、成了畅销书。在这个时代，书是做出来，不是写出来的。

46

重读古典

/

李书磊

　　早起研究了一会儿李书磊的书。他是北大少年神童。文章真好，理解真透，胸襟也广。这本《重读古典》，是他在三十岁上下写就的，真该读读，看看人家在三十岁时的体悟。佛经将智慧称作般若，包括文字般若、境界般若、眷属般若、方便般若等六种，其中文字般若指的是借助文字让人了解经法之妙，境界般若指的是让不同阶层的人，不管是贩夫走卒，还是朱门富贵都能懂得佛法。我觉得李书磊的文章就兼具了文字般若和境界般若这两种智慧。

47

阿米巴不是什么

/

吴影

在稻盛和夫的倡导下，阿米巴经营模式成为很多企业家十分推崇的一种管理方略，但是很显然，这方向没走对，就算冠以"阿米巴"之名也无济于事。我干脆从"阿米巴不是什么"开始读吧。

48

竞争战略

/

迈克尔·波特

再小的企业，也应该有点战略思维。

49
组织行为学

/

斯蒂芬·罗宾斯、蒂莫西·贾奇

　　奇怪，我上学的时候明明不是学霸，现在却为了工作啃下了这么厚、这么无聊的工具书。创业真是最好的驱动力。团队即组织，信息如何得以在组织中被传递，如何被真实传递而不被曲解，如何被高效传递而不被耽搁，如何被有力传递而不被消耗，老板们肯定想看看吧。

50

无印良品育才法则

/

松井忠三

　　非常非常好的一本书，值得创业者们一读再读。我喜欢日本的经管书，它们总是娓娓道来、诚意满满。本书讲了怎么挑选人才、怎么进行内部交流、怎么轮岗试验，以及怎么制订详细的发展计划。为什么日本的厕所能那么干净？为什么无印良品能成为消费现象？为什么优衣库的创始人能成为世界首富？书中自有答案。

51

全新思维：决胜未来的 6 大能力

/

丹尼尔·平克

　　创业的自由，是用很多不自由换来的。自由是一种选择。想要走少有人走的路，就要承担少有人能背负的压力和冲击。正因要付出这样的代价，自由才更显可贵。

52

经营的哲学：星巴克 CEO 的忠告

/

岩田松雄

近几年读的几本日本企管书都提到了这样一句话："人是不能评价人的。"《圣经》中亦有类似的表述："除了上帝，其他人都不可以评价他人。"这句话其实不太好理解，结合最近发生的"万科事件"，我才逐渐体悟出它的深意。一个人，在私欲、格局、立场和表达能力的限制下，尝试着去评价他人，这是多么轻率且危险的举动啊！

53
同门

/

亦舒

给大家推荐几本通俗小说吧，消遣时可以看看。都是亦舒的小说，而且都是女性立场外加奇特设定，很好看：写神偷家族的《同门》；写社会问题的《我们不是天使》；写家庭暴力的《爱情慢慢杀死你》；写侦探的《只有眼睛最真》；写新闻记者的《绝对是个梦》。

54

文学回忆录

/

木心

　　木心，真神人也。这部口述的世界文学史，不但对一流作家做出了评价，对二流、三流、四流的也都没错过。这可是口述的啊，简直是在文学中造出了一个自己的宇宙！为了跟随大师找到可贵的心灵，我饭都不想吃了。

　　陀思妥耶夫斯基初到圣彼得堡时，既无名又穷困，而后发表了小说《穷人》，马上就有诗人半夜去敲当时的文豪别林斯基的家门："快看，俄罗斯出了个天才。"托尔斯泰写了《战争与和平》，屠格涅夫把法语版寄给福楼拜，福楼拜读罢，评价说"真是天才之作"。屠格涅夫兴高采烈地想，福楼拜说好，那一定是没问题了。文学家的友谊赤诚而美，道德源于智慧。

不学，无术。木心的文字，看得人心发慌。认真重读经典，那些年错过的文明在成年后被一点点地补了回来。

55

超级 IP

/

吴声

推崇吴声。怎么给他定位才好？商业预言家？商业思潮观察者？《场景革命》和《超级 IP》都不错。在由吴晓波举办的年度晚会上，我两次观摩到吴声的讲演，观感居然是不同的。在中国，商业观察者原本就是稀缺的角色，因而他带给创业者的启示是很有价值的。

56

鞋狗：耐克创始人菲尔·奈特亲笔自传

/

菲尔·奈特

在从温哥华回国的十个小时里，我抱着这本书刷了两遍。感谢毛大庆先生亲自翻译了这本书。耐克创始人菲尔·奈特通过在美国代理销售鬼冢虎而起家，并在一开始的六年里屡次被命运扼住喉咙，幸而最后创造出了自己的品牌。奈特用激情吸引了律师、会计的加盟，公司上下竭力向前，屡闯险关。后来，奈特痛失爱子，遭遇背叛，甚至沦落到去大学担任会计教师来挣钱养企业的地步。对于这些事，我感同身受，几次哭成狗。

57

活法 + 心法

/

稻盛和夫

好几次听人说起，诚惶诚恐，但又不得不直面这样一个事实："六层"（作者创立的公司，编者注）已成为天津广告界中的一个现象。一个不太懂广告、不爱社交、不爱惹事，又不出来吃饭的媒体人做了个广告公司，居然口碑还不错，业务也不少，团队也很完整。

有朋友跑过来问我，我知无不言。

有一个秘密心得，或者说一个真实法则，那就是稻盛和夫在《活法》和《心法》中皆有提及的一个词：正直。

正直，是极简单、极有效的法则；正直，是让人安睡的初心。

如果无论何时都对员工、客户、协作伙伴和竞争对手抱着一颗正直的初心，那么万物就会给你开门。

正直地批评；正直地道歉；正直地改悔；正直地输；正直地赢。

正直地分手；正直地相逢。

当你选择了这样的法则，事情便会变得简单。

58

三体

/

刘慈欣

　　大刘真是了不起。今早吹头发的时候，我突然想到《三体》里最为惊人的两个矛盾：第一个是硬派英雄章北海坚定地抱着逃亡主义思想，想给地球留下生的种子。大刘对他的刻画如此用心、形象，但在最后关头，他的舰队还是被歼灭。相反，带着人类生的希望遁走的舰队，却是形象模糊的。人类要生存下去，没有英雄也一样。第二个是第三部里的，有点"圣母情结"的女主角程心，几次在人类生死攸关之际，选择了善良、美好的期冀，而非冷酷、理性的"正确"之举，并导致人类失去了最后的生机，但是那些智者、强者、硬汉呵护了她，包容了她，接纳了她，也就是说，他们呵护了人性。科幻小说里的这些伟大的矛盾，真令人欷歔。

59

尼采文集

/

周国平

在飞机上，为了回避一场由邻座大爷发起的攀谈，我居然读了大半本周国平翻译的《尼采文集》。那些原本晦涩的东西忽然明了起来，准确地向我传递出了作者的呐喊、疾呼和悲凉。四十而不惑，原来是真的，但是这句话还不够完整，应是四十而不惑，可这又有什么用呢?

60

工作需要独裁力

/

木谷哲夫

　　这本小书借自天津北大资源阅府图书馆，磕磕绊绊地读了一个月，差点想耍赖不还。经常听人说，"中小企业的文化就是老板的文化"，这句话有时候是中性的，有时候带着点讽刺意味，但这本书恰恰指出了其合法性和合理性。

61

华为没有秘密

/

吴春波

　　"华为"一度是我最常搜索的关键词；看华为的管理轨迹和管理文献是我的乐趣之一。

　　和蹭华为热点的写手，以及瞎掰的专家比起来，为华为服务过的老臣吴春波基于文献、纲要、历史数据所写下的这本书要好看多了，其中"任正非的讲稿""马云记录"和"巴菲特的来信"最值得看，其他次之，都是对思想衍生的泡沫所做出的解读。

62

下一个倒下的会不会是华为

/

田涛、吴春波

伟大的企业总在不断发问，不断反思。万科在严冬发问"该如何活下去"，居然被人说成是营销，是诱敌之术，那些人真是无聊。正是这样的居安思危之心，成就了企业的长青，串联起了不同的产品周期和经济周期。

63

周恩来邓颖超通信选集

/

周恩来、邓颖超

　　革命者之间炽烈的爱意和儿女情长，值得所有直男看看。总理惦念着给爱人一千个热烈的吻；关心着武汉的冬天冷不冷，需不需要买一个热水袋；担心着爱人……如此说来，那些无暇照顾老婆孩子、没有能力去爱的人，才不是什么事业心强，根本就是重症爱无能。

64

你就是答案

/

武志红

　　终其一生，活出真实的自我，是生而为人最大的意义；智慧、骄傲、荣光、恐惧、困惑、创造力、破坏力，都值得被发现和直面。看武志红的书，断断续续很多年，自己喜欢的作家受到大众认可，真是件令人高兴的事，希望他能治愈更多人。

65

传习录

/

王阳明

知行合一的过程固然是快乐的，可有时候也会遭遇阻力和苦难。对世界的认知好像没有边儿，总有新问题、新挑战出现，所以才叫万丈红尘啊！每进一寸便有一寸的欢喜，每进一寸就能洞见更广阔的天地和更宏观的命题，自然也就会产生出新的困惑，所以千百年来只出了一个释迦牟尼、一个耶稣。在某种程度上，王阳明的知行合一法则无异于一种新的宗教，格物致知的理念看起来比顿悟、拈花一笑更有迹可寻，更适合尘世修行。

66

高难度谈话

/

保罗·法尔科内

乔布斯说，一个好的 CEO 所有的时间都应该用来寻找人才。但是后面怎么管理人才他可没说，幸亏这本书说了。读过这本书，让人激动得落泪——两个同事闹矛盾、职场语言骚扰、同事不同的信仰冲突、新晋升的主管被嫉妒……这些该怎么办？多个非常现实的管理困境，作者直接给你一个谈判（恳谈）口径。我把这本书推荐给两个下属，她们当时就窃窃私语，之前要是看了这本书就好了，那件事她们就会办了。

67

岛上书店

/

加·泽文

　　如果你也是阅读的信徒，那么这本书将令你时而会心一笑，时而泪盈于睫。作者很有心，故事情节好，两个知识分子书呆子似的调情也好。阅读者从不是孤岛，一书就是一个世界。

68

一个叫欧维的男人决定去死

/

弗雷德里克·巴克曼

真希望你能看这本书。尊重正义、传统、忠诚的主角在其他书里也常有出现，譬如《白鹿原》里的族长、想告状的秋香，但是很显然，外国作者刻画得更美妙、更善意、更幽默。这本书中的暗喻都十分好笑。

69

了不起的盖茨比

/

菲茨杰拉德

村上春树重新翻译了日文版的《了不起的盖茨比》，他对这本书的推崇是令人惊讶的。作者菲茨杰拉德与其疯狂拜金的爱人那传奇短暂的一生正是"盖茨比"的背景。有些书，适合晚点看，适合走过一些路、三观开蒙之后再看。有种快乐在前方等着我，那就是我可以带着书的伏笔去看电影。

70

降临

/

特德·姜

这是一部短篇科幻小说集，不是硬科幻，而是基于伦理、社会学逻辑的软科幻，很合我的胃口。有一篇写的是：两名患者因为注射了新药物而大脑超载，先后进化成超人，并在被抹去自我痕迹后互相斗法。情节十分好看。还有一篇幻想的是：天堂、地狱、人间三者并存，天使没事就下凡，一帮人开车追着天使就跟追龙卷风一样。书中有很多金句，譬如"未来早已到来，只是没有平均分配"，大概硅谷得到的未来多一些吧。

71

虚无的十字架

/

东野圭吾

对于受害者的遗属而言，死刑是什么？为什么东野圭吾能成为挑动大众视线的再版王？单就写作技巧而言，他对社会时事的把握极准，每个故事的主角都新鲜得如同刚从社会新闻头条中走出来一样。另外，他确实在写作中展示出了强大的思考力，那些平常人疏于思考、无力思考的事物，经他道破，便有了令人悚然或叹息的力量，而那叹息就是余韵。他表面上是推理大师，实则是深刻的社会评论员。

72

重塑品牌的 6 大法则

/

吕熠

为了备课，我需要看十本品牌类专著。说老实话，速度立马慢了下来；读得吃力，也不太有兴味，两天才啃完一本。好处是，对"品牌是什么""为什么好""为什么坏""如何浴火重生""如何历久弥新"等，做出了系统的梳理。唉，这种书看看看着，就特别想看点美剧换换心情。

73

要素品牌战略：B2B2C 的差异化竞争之道

/

菲利普·科特勒、瓦得马·弗沃德

　　Kindle 显示用一个小时就能阅读完的书，我竟断断续续地看了四个小时，真晦涩。什么是要素品牌？什么是母品牌？什么是自品牌？什么是衍生品牌？什么是联合品牌？什么是个人品牌？心好累，品牌学真深奥。

74

第二曲线：跨越"S 型曲线"的二次增长

/

查尔斯·汉迪

这本书太好看了。一个成功的企业家对生活、事业、思想进行了捏合，并向晚辈娓娓道来。一味增长之后，抛物线总会下行，所谓第二曲线，其实就是企业和个人都需要建立的新成长通道。

75

未来简史

/

尤瓦尔·赫拉利

　　耗费七个小时，终于看完了。这本书史料翔实、今料及时，作者不愧是世界级学者。面对庞杂的线索和史料，他抽丝剥茧，推敲出对未来的预判。我是人工智能的反对者，真心期望它慢点来。生而为人最宝贵的莫过于思考，如果思考被剥夺了去，那活着还有什么意思？

76

人类简史：从动物到上帝

/

尤瓦尔·赫拉利

看务虚的书，做务实的事。看了《未来简史》后，我又买了这本书，算是循序阅读吧。我有一个重要的阅读习惯，那就是看书里提及了哪个专家、哪种思想、哪本书，然后就上网搜索接着买，以便形成一个可以互相印证的阅读脉络。

77

百岁人生：长寿时代的生活和工作

/

琳达·格拉顿、安德鲁·斯科特

　　以色列学者尤瓦尔·赫拉利在《未来简史》中预言人类将越活越久，最终成为神人。英国经济学著作《百岁人生》说的是，对于"九〇后"这一代人而言，活到一百岁将是常态。上学、上班、退休的"三段人生"将被打破，"多段人生"将会成为常态。寿命越来越长，从业周期越来越短，上班、上学、创业等阶段将会交替出现。跨年龄的协作、沟通、恋爱将会是常态；二十岁创业，四十岁结婚，五十岁上学也将会是常态。所有可以直接指令化的

工作都将被人工智能轻易地取代。创造性地解决问
题的能力，以及自我迭代的能力将有助于你成功地
过完一生。如果幸运又不幸地活到一百岁，你将怎
样规划这一生？

78

腾讯传（1998—2016）：中国互联网公司进化论

/

吴晓波

据说，腾讯的大佬们几经挑选，最终还是只放心让吴晓波来写这本传记。因此，在众多互联网独角兽公司的传记中，本书显得最客观、最翔实。让我非常感动的是，书中提到，在创业初期，有很多第三方专家，比如律师、财务专家、上市专家等，都因受到腾讯的价值观和事业观的感召而加入其中，譬如刘炽平。这一点和当年的耐克简直一模一样，可不可以说，伟大的公司各个相似，不成的公司各有各的不成啊。

79

创新者的窘境

/

克莱顿·克里斯坦森

　　创业就是用创新力驱动生产力的过程，然而创新所遇到的外部认知困境和内部执行阻力，几乎一样多。没做过的事，做了不就是创造吗？人们却很少能想到。因此火车在马车时代才会被视为邪术，乔尔丹诺·布鲁诺才会被烧死在刑场。如今，创新者虽无生命之忧，但要面对的窘境依然如故。

80

论语

惭愧，《论语》一书，我此前只看到第一章，根本没翻过第二章。第二章里的话，在今天看来有了不同意义。原来"温故而知新"不是普通的修行，具备这种学习心法的人都能当师者了；原来人不能轻易用"四十而不惑"来形容自己，那是孔子级别的圣人所做的自谦……三十岁以后重读经典，滋味无穷，做错的改一改，做对的找到点理论依据。

81

巴菲特致股东的信：股份公司教程

/

沃伦·巴菲特

沃伦·巴菲特被人们误读太多，例如，他说"鸡蛋最好放在同一个篮子里"，就被人理解反了，多可恨。与他有关的文字和采访极少流出，最能体现其经营思想的就是，每年代表伯克希尔·哈撒韦公司给股东们写的年报。那年是第二十一年，也就有二十一封信，都可以读读，参照当时的经济进程，去思考下他的投资理念。

82

增长的本质：秩序的进化，从原子到经济

/

塞萨尔·伊达尔戈

　　近几年，可口可乐、宝洁等公司都在总部设立了首席增长官一职，"增长"成为大型企业的紧箍咒。别说企业了，各个国家也在为"增长"而相互竞争。对于"鲸鱼"或"大象"量级的经济体来说，要如何谋求增长？增长又从何而来？

83

邓小平时代

/

傅高义

去俄罗斯时看的"飞机书",带了一路,新视角看老邻居。十分庆幸,我带的是《邓小平时代》。这是美国作家的作品,在 2011 年获得了很多全球性的图书大奖。书中多次提到了美中苏三国之间的制衡、沟通和权术,也展现了在巨大的困难和压力面前,中国的时代伟人在治国时的心路历程。我强烈推荐这本书。傅高义真的很能写,《日本第一:对美国的启示》也是他写的。傅先生被称为哈佛的中国先生,堪称东方通、中国通、日本通。

84

哲学超图解

/

田中正人、斋藤哲也

　　"飞机书"，从海口飞天津，一下子就看完了，津津有味。对哲学的流派、大师、基本论调都做了解读。当代的日本作家、编辑学者、翻译家，仍然是东西方文化交流的桥头堡啊！

85

马云内部讲话

/

阿里巴巴集团

一般人我不会告诉他有这么一套书，因为看完之后，格局一下子就变得老大了，我跟他说话就该自卑了。

86

初次爱你，请多关照

/

咪蒙 等

看书的时候，并不知道咪蒙后来会掀起轩然大波，更想不到她会以取消账号的方式来抹掉自己在移动互联网上留下的痕迹。我坚持认为，咪蒙事件的背后隐藏着文人相轻、羡慕嫉妒恨之类的情绪，幸好书架上有这本书，让我在偶尔怀念她笔下快感时还能有迹可循。

87

中的精神：吴清源自传

/

吴清源

平衡是多么难以维持的状态啊！作为围棋大国手的吴清源，浸染了东方文化，从棋道中升华出了平衡的智慧。少年时听到"中庸"二字多以白眼和鼻孔嗤之，人到中年，方知中庸得来不易。

88

北大授课：中华文化四十七讲

/

余秋雨

余秋雨老爱在他的文化书里辟出专门的章节写屈原、苏东坡、曹操、陶渊明等人，尤其是曹操。这种体例看似骨骼清奇，却也是沿着文脉而设定的，早有治学者如此判断。苏轼有句"书至今生读已迟"，道出了多少人和阅读的相见恨晚之情，默默无言之意，好在，终究还是相遇了的。

89

一个女人的史诗 + 金陵十三钗

/

严歌苓

严歌苓擅长描写女性。在她笔下，弱女子的遭遇折射出了时代的境况，有二战的残酷，有中日战争过后遗留战俘和中国乡民共情的温存，有"文革"的荒谬。时代在变，但人性中的残酷和美好一直在上演着对手戏，只是换了不同的戏服而已。严歌苓不仅高产、勤奋、细腻，多次摘得华语文学界奖项，而且一生极富传奇色彩。赴美留学，与外交官劳伦斯相爱，遭到 FBI 的监视和阻挠；劳伦斯毅然放弃了外交官生涯，选择了爱情。我建议喜欢文学的朋友读读严歌苓的书。

90

人生的智慧

/

阿图尔·叔本华

爱是什么？教育是什么？婚姻是什么？虚荣是什么？尊严是什么？成功是什么？对于这些人类千百年来一直在求解的问题，哲人给出了不同的答案。然而，答案无法完全解惑，新的时代又催生出新的困惑。

91

南渡北归

/

岳南

　　大师之后再无大师。这本书描绘的是抗日战争时期，流离失所却精神高光的知识分子的群像。看的时候几次掩卷，更多时候则惊讶于，在一百年前，家国离乱之时，纵然无比艰苦，他们依旧满怀激情和能量，去创造并获取高价值的影响力和科研成果；梁启超、胡适、傅斯年、蔡元培等大师的言行历历在目。故事非常好看。

92

传奇的服务

/

贝西·桑德斯

　　最尴尬的是，我推荐的这本书，你有可能买不到。这本书是我在二手书网站上买的，而且是台湾繁体版，不知现在还有吗？二十年前就提出了"客户体验"一说，还做了研究，你说有水平不？你说有前瞻性不？

93

每周工作四小时

/

蒂莫西·费里斯

　　这本书对我的触动还是很大的。我们这代人都想用一个物理的年龄标准来界定财富自由，用退休来界定工作和生活，但蒂莫西·费里斯这个年轻的创业者告诉我们，这样错了，太老式贵族（Old Money）了。不要用最充沛的精力去干自己不喜欢的事！应该一边工作一边度假，一边创业一边生活。他说每周工作四小时，我是信了。

94
与商业明星一起旅行

/

李翔

书读多了，就会有奇遇。"得到 App"的内容副总李翔有个栏目叫《李翔商业内参》，制作得很精美、声音好听、更新快。看完本书，我觉得不错，才注意到作者是他。作为随行记者，他和柳传志、马云、刘强东一起出差，记录下了大佬们的一言一行，窥探着他们的思想演变。

95

随时卖掉你的公司

/

约翰·沃瑞劳

每个中小企业的老板都经历过这样的迷思：继续做下去，还是卖掉公司？每个中大型企业的老板都有过这样的困惑：要不要上市？看完这本书，很多事就会明了一些。有上市梦的老板必看。

这本书是美国《企业家》杂志网站评选的 2011 年畅销读物，以及 2013 年的首推书籍。

96

对立的天才

/

珍妮弗·B. 康维勒

我说我是个社交恐惧症患者，恐怕没人相信。虽然我能在千百人面前做演讲，侃侃而谈，在镜头前张嘴就说，但我真的是亲密关系的内向者，向外构筑交往的懦夫。我常常自卑于此。不过这本书指出，我们这些内向者也可以在组织中有所作为。

97

卓别林：我的环球之旅

/

查理·卓别林

不看此书，不知查理·卓别林的文笔如此之好；不看此书，不知他竟踏遍全球，所到之处接见之人皆是国家元首。二战前后的旅行，让他对轴心国和同盟国两大派别的经济、生活皆有触及；与萧伯纳、爱因斯坦等人的交往和对话，旁证了这位大师的风采。当年，他这个专栏的稿费是美国报纸特约专栏中最高的。

98

大国崛起

/

唐晋

老实说，最好看的还是纪录片"本尊"，中国最好的文案不在广告公司，而在央视纪录片频道。例如《大国崛起》和《舌尖上的中国》，那词儿打印出来都是叙事诗，词句考究，立意深刻，特别适合搞文字工作的人看。

99

创业维艰

/

本·霍洛维茨

　　我前后买了六本送给员工和创业的朋友，比什么《从 0 到 1》《引爆点》《爆裂》好看太多太多。实操性非常强，例如，怎么挖人、怎么挖高管、怎么避免高管被挖，等等。每个老板都应该买一本。

100

创造高收益

/

稻盛和夫

既然看到了这里，说明你一定觉得我推荐的书还不错，那么，最后这第一百本书就是礼物了。世人多知道《活法》和《干法》，我个人认为这本《创造高收益》最好看。稻盛和夫被尊为"经营之圣"，还创办了自己的"企业家私塾"，而这本书正是他和学员们的通信摘录。学员们来信描述了自己企业的现状、利润点、成本构成，以及对低收益的困惑等，老先生一笔一画地亲自回信，结合阿米巴经营理论和企业家心法，手把手地教学员怎么获取高收益。太好看了！

微记录

给你留下最深阅读体验的书

给创业经营团队的话

躬身入局

001

　　智者乐水，仁者乐山。记忆中，我爬过的最险峻也是最令我快乐的山是青城山。大山威严，奇石嶙峋，上一天，下一天；夜宿三清观，坐听竹涛，清凉无边。世上艰险之事皆如登山，望峰顶之光，步步为营，攀爬、整顿、歇息、再接再厉……仁者知山之险恶却乐在其中，以期磨炼心智。

002

与一位长者的聊天，给我带来了许多不一样的思索。央企局级领导也如此热爱生活，每到秋色宜人之时，自己动手做泡菜，做山楂酱；无论到哪儿做项目，都能扎根于当地水土；逢山过山，遇水涉水，在体制内也可以超脱酣然。其实不管是在体制内，还是在体制外，懂得生活真谛的人都能拥有一片天地。学习。

003

爱、学习、创造。将这信念当作铠甲穿在身上，日夜擦拭；让这信念守护人生，使灵魂不致随波逐流，轻易飘散。

004

忘名、忘利、忘我。与其为不以为然之事，营营役役，不如为深以为然之事，日夜兼程。

005

　　有目的地寻找合伙人，一个营销专才、一个技术专才、一个财务专才。核心人物要具有共同的意愿和价值观，才能涌动出无限力量。职业经理人无法理解创业者的激情，几个人引领一众人，以未知的方式奔赴未知的地方，还要竭力保持小舟平稳，其中艰辛要如何言说？不求理解，但求无愧己心。

006

　　我的助理从大学毕业就开始跟着我，堪称中国好助理。世界上没有完全一样的叶子，也不会有完全投契的人，更多的时候，我们要用感性的宽容和理性的分析，去担待、理解、以己度人。感谢你的柔中带刚，韧性十足。

007

　　想跟所有与我相处过的孩子说三句话：第一，在这个世界上，并不是所有人都单纯地想着把事情干好就行，你要接受这种复杂；第二，在这个世界上，并不是努力了就会有好结果，不如意之事十之八九，你要理解这种设定；第三，即使这个世界，以及世上的人如此糟糕，如此令人沮丧，你还是要每天保持乐观向上，充满正能量。跟不好的世界作对，这就是生而为人的意义。

008

世界对好奇者格外慷慨，但愿你是个好奇的人。

009

　　重复是一种力量。惊涛拍岸，是重复的激荡；火山喷发，是重复的熔化；原子弹爆炸，是重复的撞击；地月关系，是重复的转动；生命诞生，是重复的律动。在重复的工作中找到力量，找到规律，就能实现突破。

010

伯乐并非没有原则。他所做的，不是一而再、再而三地忍让，而是以宽厚之心希冀你的才情。唯有海纳百川之人，方能识得天才，引领天才。

011

以简单的视角看待问题，磊落的态度处理问题，光明的心态迎接问题。

012

"体验式消费"这个词绝对不是互联网或移动互联网的发明，实际上，每个时代的杰出企业都是注重消费体验的。肯德基简化点餐步骤，缩短候餐时间，是注重消费体验；星巴克推广咖啡文化和烘焙知识，是注重消费体验；宜家提倡压缩人工费用，让利于消费者，也是注重消费体验。想要做好客户体验，就得先把客户需求找出来，再利用移动互联网进行扩散。

013

当移动互联、人工智能的便捷给你带来开心、散漫，以及惊喜时，别忘记留一分警醒。亚马逊公司正在研究无人投递机，或许数年后我们就要和快递小哥说再见了；线上商城的崛起已经导致很多零售商家疯狂裁员。人工智能和物联网已介入职场生态，比你好用、比你专业、比你敬业的机器人将在30%的普通岗位上与你竞争。

014

自带信息、不装系统、随时插拔、自由协作。
风来了，有安全感的人御风而行。

015

一开始会抱怨，后来会痛苦，有时被误解，难免感到失落，总归会淡然。有个梦想，去做就好；万箭穿心，不动如山。

016

　　好友说我对朋友要求太低，有时甚至毫无底线，他难以理解。我聊以表达几句，道是无情却有情。交友一事，以无功利偶遇、无目的相吸、无互惠凑趣为上品。萍水相逢，相互激赏，千帆侧过，相忘江湖，就这么简简单单，多好。至于某人对我好不好，某人对他人好不好，则另当别论。情之深浅，缘之深浅，都是命中注定。用心对待一期一会之人，也是另一种意义上的众生平等吧。

017

　　我是好利来这个品牌坚定的支持者，跟这家企业走得越近，越能体会到浓浓的人情味。好利来的许多员工都在企业中找到了快乐，找到了伴侣，找到了成就感，学会了一门能带给人快乐的手艺，并得以随着企业发展而回到家乡。所谓企业责任，就是让自身平台上的人像家人一样亲密。吃这样的蛋糕，不是猎奇，而是放心。

018

　　困难不可怕，可怕的是遗憾。为什么没有勇气去追寻？为什么没能说服自己坚持下去？为什么行百里者半九十？为什么错过了想要的？不留遗憾，透彻。

019

　　大海不会馈赠那些急功近利的人，为功利而来不仅透露了来者的焦躁与贪婪，还有他信仰的缺失。耐心，耐心，耐心，这是大海教给我们的。人应如海滩一样，倒空自己，虚怀无欲，等待大海的礼物。

　　别把安妮·林登伯格的这段话当作心灵鸡汤。在信息爆炸时代，我们太容易被别人的世界观影响，拿来就用，自命不凡。坚持自己当然重要，但心若太满，便看不到他人，很容易故步自封。

020

下一个七年，我是谁？听说过"一万小时定律"吗？每天有五个小时在看剧、上网、聊天，那七年后，你会变成生活的旁观者，只擅长对别人的成功和失败如数家珍。每天花一分钟想一想，曾经最想做的是什么，然后去做，七年后，你会发现自己能靠这件事出去混饭吃了。

021

一切的商业都将互联网化；一切品牌都将人格化；一切消费都将娱乐化；一切流行都将城乡一体化。

吴晓波这四句话，浓缩了当前生产者应具有的的 IP 思维及重视用户参与和体验的互联网思维，读之令人称快。

022

　　一个卓越的团队，不会命悬一线，不会石破天惊；它平静、刚毅、坚定、完善、充满正能量、有正义感、有结果、能落地！

023

一生要遭遇多少因欲望、仇恨、怨念而出现的恶龙，勇士才能召回内心的宁静。闹腾的要沉淀，暴躁的要宁静，愤怒的要柔软。

024

　　想要做一个有故事的女同学，先要分清哪些故事能为爱与被爱加分。走过丰盈的路，拥有宽阔的人生，不要把时间荒废在一段又一段无果的恋爱中。有胆量追寻野马，也得先在心中建起草原。一个上进、积极、志向高远的男人会喜欢什么样的女人呢？独立、成熟、般配，是爱人、情人、心上人，而不是附属品。所以，女同学们，想要做被人记挂的董小姐，就从努力工作开始吧。

025

　　生病是种修行，胃病犯了可以吃藕粉、面汤、米糊、鸡蛋羹、茶汤菜饭，权当是换种口味品尝人生。遇到沟通不畅的甲方是种修行，可以迂回、争取、磨合、砥砺前行，在疼痛中成长。压力大是种修行，可以释放、倾诉、找症结，并解决问题。不怕有情绪，就怕有负能量，既然生命是场修行了，而修行不就是让你吃苦、受难，再超脱吗？没有准备好吃苦、受难，就别谈修行了。

026

要记住每一个对你好的人，因为他们本不必这样做。

027

　　认真工作，心情会特别好，那些虚妄的空想全都沉寂了。发现自己的不足，看清自己的短板，就算心怀敬畏也是好的。不要用沟通的勤奋，掩饰准备的不充分。

028

　　一到"好声音季"，人们就开始沸腾了。除了血缘关系，师徒关系也是人类极为美好的关系之一，能将精神传承下去。璞玉梦想被雕琢，匠人渴望艺传世。以这样的方式将二者结合，无论好坏，皆用经验和耐力去包容、打造、指导、教诲和珍惜。我想要个师傅，还想有个徒弟，想要那般的爱与被爱。

029

　　加班就不是什么好事，要么是能力不行，要么是时间管理有问题，要么是节奏不对，反正不应是常态。但是抗拒加班也不对，不疯魔，难成活，不投入，难出活。

030

尽管人生行程紧张，但还是要留出一些时间去做一点无聊且冒险的事，比如用最大的善意，相信你路过的人。

031

纠结的快速崛起，必然导致扭曲的几代人。……今天有多少孩子，既要美国式的自由，又要中国式的宠爱，却没有美国孩子的主动，又失去了中国传统的孝道。然而这批孩子进入社会后，既要美国式的公司福利，又要中国式的铁饭碗，却没有美国员工的自律和中国传统的忠诚。从小讨价还价，长大后失去原则，该讲情的时候讲理，该讲理的时候说情。这是我们现在许多家庭教育缺失理性成分的结果。

生活中总需要有些智者去道明真相，哪怕残酷甚至残忍，但却振聋发聩。刘墉先生关于家庭教育的洞见，戳中了当今多少中国家庭的痛点。

032

　　任何团队的骨干都必须学会在没有鼓励、没有认可、没有帮助、没有理解、没有宽容、没有退路，只有压力的情况下，和团队并肩作战，争取胜利。成功只有一个定义，那就是对结果负责。在别人的鼓励下才能发光，最多算是个月亮；让自己成为能量源，将光芒投向其他人，才是太阳！

033

　　向死而生，是每个人的宿命。在离世时，如果
能比出生时更好更完善，那是多么大的造化啊！工
作，努力工作，好好工作，恰巧是修炼自我的利器。
举凡懒惰、不诚、不智、自私、自利、消极等问题，
都会在工作中、在磨合中被消解，而你将收获一个
更好的自己。所以，努力工作吧，不为名利，只为
一个更好的自己。

034

以前特讨厌心灵鸡汤，你是谁啊，在这儿胡说八道，烦不烦，俗不俗，腻歪人不腻歪人。现如今，在鸡汤中竟品出了一丝诚不欺我的哑然。这就是生活吧！既然不是九尾妖孽，也不是扑火蛾子，更不是天山雪莲，那就得在自己这一亩三分地里认真踏实地活着。

035

　　碰到一点压力就觉得不堪重负；碰到一点不确定性就认为前途黯淡；碰到一点不开心就觉得遭遇了这辈子最黑暗的时刻，无非都是在用拙劣的借口掩盖想要逃避、放弃的事实。美其名曰危机意识，其实一半是逃兵心理，一半是矫情戏码。

036

真正的换位思考一定会有牺牲和苦痛，不可能像上嘴唇碰下嘴唇那样简单。位置不同、立场不同、利益不同，以己度人谈何容易？倒是有一个简单的法则：撇开次要矛盾，着眼主要矛盾，求大同，多理解，忍受一定的苦痛。万事如一。

037

　　和优秀的人共事很舒爽：告诉他需要做什么事，需要达到什么效果，他就会想办法搞定，而且不跟你讲条件。经过无数次的积淀，他本人已成为最大的"条件"，除了他，这事别人搞不定。所以，越是出色的人越善于在缺乏条件的情况下把事情做到最好，越是平庸的人越会对条件挑三拣四。

038

　　关于上班这件事，还是要和公司有一样的价值观才行，因为职场不是朋友圈。在生活中，你的兄弟、闺密、室友、同学皆能满足你的精神需求；而在职场上，只有相同的价值观、产品观，以及对游戏规则的认同感，才能调动起大家的凝聚力，让一众人朝着同一个目标进发，并在过程中历练出情谊。由情感维系的格局波折易变，而相同的价值观能促人齐心，为实现目标而不畏坎坷，同行深远。事成了，情长了。

039

　　商业形态的发散和聚拢，开始有了越来越多的文化内涵和心弦共鸣。在南锣鼓巷、烟袋斜街、国子监，旅游创意产品从棉麻布衣转向了最近的茶人、"茶雅集"，与茶有关的文化符号在回归。短短一个月，我先后在杭州、天津、北京三地与茶结缘，是偶然也是必然；曾经失落，复又找回希望，寄情于西饼、厨艺、茶道的人们，殊途同归。愿借此形式，复礼生活，雕刻岁月。

040

　　求新精神是人之生命力的体现，也是企业之生命力的体现。时至今日，依然觉得伊势丹确实是一个值得尊敬的企业，以天津伊势丹百货的地下一二层为例，那里有天津第一个销售进口商品的超市；在进口超市满坑满谷的时候，又第一个引进了贝尔多爸爸、彻思叔叔、歌帝梵巧克力等，打造了一个全新的甜品中心；在地铁接驳口，延展出寿司店、三明治店、奶茶店等小铺；近日又开始调整超市布局，增加了外带食品店铺，售卖面条、关东煮、半成品盒饭等，在一亩三分地上精耕细作，应时而动。这家企业没有躺着干活，而是在招商和运营上动脑奔跑，让人佩服、喜欢。必须学习这种精神。不创新，毋宁死。

041

关于伊势丹求新精神的观察，引发了很多思考，"新"到底是什么？绝不是新建筑、新团队、新操盘手，而是一种理念和共同追求。新开的恒隆广场也想以装置展引客，斥巨资引入了蝙蝠侠展，却又以奇怪的逻辑将顾客拒之千里：消费满三百可换取一张票，不到三百不可累计，换票后当日不可观展，隔天请早。真当自己办的是"蒙娜丽莎展"吗？能有一千位消费者顺利观展就谢天谢地了。K11购物艺术馆引入"塞尚"的时候也是随便看的啊！不站在消费者立场上思考问题，即使是新建筑，也难掩迂腐沉闷之气。

042

人们总是期望自己能躬逢一个大时代，但若真身处其中，又是否有能力完整地了解时代的面目与意义？

043

　　原则，是没有原则之人不知道的因果；底线，是没有底线之人无法到达的桃源。

044

如果你想拥有出色的思想，就必须先拥有很多思想。

045

英雄主义和浪漫主义的核心就是在一地鸡毛中挑选出美丽的那些，扎成掸子。

046

　　广告菜鸟必经的晋阶之路：第一，培养好的广告品味，每天在几百条广告中分辨出哪几条是好的，哪几条是有用的，并由衷地激赏好广告。第二，判断通路，留神自己的消费行为，学会总结他人的触屏习惯，跟客户需求对标，以己度人。第三，跨行业联想，在不同产品的营销策略中寻找创意，洗衣粉的打法可以用在巧克力上吗？宜家的打法可以用在手机上吗？第四，养成卖稿思维，每天嘟吧嘟，生成几个创意给别人，白给都行，尽快把创意变现，并极速考证。

047

　　碰见个事，直揭自己的短板，是闭着眼睛装盲，还是摩挲痛楚闯过去？这一生，是为了追求不累、不忙、不难而来的吗？

048

声望不会长久，有趣的灵魂才会持久，所以"有趣"更为珍贵。

049

大数据诚不欺人，在这一点上，"滴滴打车"应用得十分娴熟。司机通过抢单得到小费和补贴，同时平台会优先推送上一单目的地附近的新订单。如此循环往复，司机可得到三重激励，因此对平台的依赖性越来越高，抢单的积极性也越来越高；而消费者在支付小费的同时可以得到更好的体验。那么，百货公司和综合体在客户关系管理中该如何运用这一原理呢？地产项目在以老带新的过程中又该如何搭建这样的三重激励呢？

050

　　你品味出众，审美不俗，对电影、书籍、摄影等一系列文艺作品都有相当独到的见解。你懂得挑选适合自己的衣物，善于管理资金，确保有质量的生活。你待人礼貌而克制，与人群保持一定距离，自处时间有声有色……您一定是个难以相处的人。

　　哈哈！读到这段话，掩卷大笑。这段文字可称"恶毒"，每个人的活法不同，本无可厚非，但有时候想想真是那句话：水至清则无鱼。

051

　　旧世界与新世界的博弈，像是一局围棋，有动力、有意愿、有能量的关键连接人就是杠杆，就是棋眼。找到他，翻动，一片世界，从此颠覆，棋就活了。

052

　　十几岁时，我特别喜欢性格磊落、怒海滔天的主人公，愤而离席、愤而出走、愤而拔刀，爽快。二十几岁时，喜欢设定底线以提醒他人，讨厌背叛，尤其是双重背叛，痛恨不公平，最不能接受蠢笨。三十多岁时，发现原来"愤而"解决不了任何问题，好多无法接受之事原来也都能被看开。造物主让我们来到这个世界上，原本就不是让我们来画底线的。老老实实接受这一点，好多事就不再令人痛苦了。

053

　　权力是一把钥匙。这钥匙越大，可以打开的门就越厚、越沉重。拿钥匙的人，请不要因为门的沉重而放弃开启。记住，只有锁转动起来，才会有人上前帮忙；如果一味等待人到齐，或掌管更大钥匙的人前来，那么这扇门恐怕永远也无法被打开！

054

　　自媒体的文案编辑万万不能妄自菲薄，不但不要以小编自居，还应该有大大的主编意识，集合传统媒体的发行、征订（吸粉）、渠道（活动）、广告（促销）、新闻（内容制作）于一体，多职多能，奋起挑战。传统媒体日渐没落，知名记者的稿子如泥牛入海，罕闻回声，而新媒体编辑的一篇稿子却能得到万千转发、百千回馈，这是来自订阅者和粉丝们的善意与美意。壮哉，自媒体编辑。

055

有些人的心气像娇嫩的茶树芽，需要呵护、培育，遇一点风雨就会受损，遭一场霜冻就会垂败。有些人的心气像青松，根深蒂固，不动摇、不徘徊，不会被轻易折损、掠夺、伤害。心气就是生命力，是自己，是本我。不要让家人、朋友、老板、客户、协作者的举动伤害到你的心气，不要让别人拿走你的精气神。

056

一个人的年纪就像鞋子的大小一样不重要——如果他对生活的兴趣未受到伤害，如果他慈悲为怀，如果他已成熟，没了偏见。

057

　　第一，不让你喝心灵鸡汤的人，自己却在喝参汤，补着呢；第二，用恶意去揣测别人，就失去了看见善意的机会；第三，低潮期的负面情绪是需要疏导的，可求助于他人，但传播负能量是件坏事，不应该干扰别人的心绪；第四，内心正直善良的人无须教导也能自我完善；第五，朴实、上进，能看见别人优点，是一生受用的好习惯。

058

　　翻查数据看到，世界五百强企业的平均寿命是40年，一千强企业是30年，而中国中小型企业的平均寿命是2.39年。这个数据让我对身边的企业家朋友们生出了巨大的敬意，能平稳经营，持续壮大，实属不易；也让我对企业的生命体态有了新的认知，中小企业的发展过了3年，其生命体态无异于一次重生。孕育生命的过程饱含大大小小的创痛，有磨合时期的钝痛、拔节时期的锐痛、转型时期的生死之痛、探索时期的坎坷之痛。痛，是活着的时候最好的体感。清醒面对，与痛共生。

059

　　八十四岁的股神巴菲特在伯克希尔·哈撒韦公司成立五十周年的股东大会上总结道：第一，信用，一生以信用为首；第二，专注；第三，以投资为乐；第四，强大自我，控制情绪；第五，和搭档五十年不散的原因是，一阴一阳，一柔一刚，彼此敬畏、关照、包容；第六，唯一能让别人喜欢自己的方法就是变得富有，但要非常大方；第七，改变自己比改变另一半容易得多；第八，行善是最好的投资。

060

　　有一天，一个神秘的声音对我说："这一年，我只允许你有两天不高兴。一天用来忏悔犯过的错；一天用来反思如何避免犯同样的错。其他时间，都要高高兴兴的！"我决定遵从这个声音——来自真我的声音所说的话。

061

很多难办的事，跟人生一比，就简单明了多了。
别害怕做事，你连活着都不怕。

062

高兴经济学：最好的甲方就是最好的乙方。好利来公司一直是客户经理最喜欢的客户之一，和善、客气、充满学习精神，而且懂得与我们并肩作战。合作三年，欢声笑语不断。这几天，因为一个业务，需要大量采购好利来蛋糕，作为甲方，我们眼中的乙方好利来，勤奋、充满协作精神、积极进取。我这才发现，原来最好的甲方一定是最好的乙方。随手搜索了一下好利来的股票，不出意外，涨停板。给大家一个建议，如果甲方是你真心喜欢和欣赏的，那么不妨采购他们的产品试试，一定靠谱；反之，如果甲方让你觉得郁闷、压抑，那么这个公司肯定不是好的乙方，要谨慎采购其产品，拒买其股票，当心跌停。

063

　　工作饱满的下午，与大家分享一些话：第一，每个人对世界的认知都类似于盲人摸象，摸象腿者和摸象尾者，都太容易对别人喊"你说的不是真相"，于和谐中拼出象的全貌，实属不易；第二，一个人如果能让他人通过你的言行而对你的品性产生更多信任，那总是好的；第三，罗曼·罗兰说，看透了生活的琐碎和艰辛，仍对生活怀有巨大热爱，才是英雄；第四，物质上的攀比，让人从原版自我，流失为盗版和山寨的别人，活出自我，是每个人一生的课题；第五，德米特里·德米特里耶维奇·肖斯塔科维奇说，在我脏的时候爱我，不要在我干净的时候爱我，干净时人人爱我；第六，琴到无人听时工，艺术原本就是自我存在和人性诚意的载体，向内探寻自我，才是艺术之于你我的意义，为一部电影流泪，为一线水光驻足，为几笔好字喟叹，是艺术感染了你。

064

　　任何一个高品质的亲密关系，都是经由矛盾、冲突、误解、伤害、原谅、接纳而达成的。如果心与灵相连，那么即便觉得受到了伤害，还是会愿意学习、提问。积极寻求出口的灵魂，才是真正美丽的灵魂。

065

　　我们曾万般期望得到他人认同，最后才发现世界是自己的，与他人没有关系。

066

　　高兴经济学：在天津，商业模式的爆发具有同周期、同品类、同短板的"三同性"；继综合体、五星级酒店之后，下一个因超大体量、趋同规划而陷入恶性竞争的将是文创产业基地。这场文创之争的核心是人才之争，在建筑、政策、理念都差不多的情况下，就看哪拨人能把事干成了。

067

尽己所能，全力承担工作，你会拥有更多机会。

068

　　界限感是区别自身与他人的感知，以独立人格
去交往、孝顺、倾慕，才是理智的。

069

一半用来深沉，一半用来浅薄；一半时间蚂蚁，一半时间蝴蝶；一半谦卑，一半傲娇；一半在夜里辗转反侧，痛下苦功；一半在人前没心没肺，故作轻松；一半严肃，一半搞笑；一半爱，一半被爱。好分裂的双子座。

070

创业者有两种：生意人和手艺人。所以，会一门手艺的生意人和会做生意的手艺人，你觉得你是哪个？我是哪个？

071

　　真是悲哀和不解，这也叫营销？为了三分钟的搜索热度，就把品牌形象和节操摔在地上，任人践踏。流出视频没啥，流出了还做深度解读，还借势炒作，同行竞品还迫不及待地往上扑，那就不好了吧。性感和寡廉鲜耻还是有区别的，病毒营销和视频贩黄还是有区别的。"三里屯试衣间恶俗视频"一事有感。

072

　　真心喜欢那些对我们工作提出要求的甲方。主动进步很难，毕竟人都喜欢待在舒适地带。对你提出高要求的甲方，是工作中的导师，按照其要求去做，做到了就是超越了，至少不会原地踏步。放弃花拳绣腿，力争拳拳到肉，让营销策略像泰拳的招式一样有实效。同志们，竭尽全力，一定要坚持，只给最好的甲方服务。

073

　　高兴经济学："超女""中国好声音"等造星模式的意义和万众创业一样，都是打破了上层社会的资源垄断。成熟的娱乐公司和歌星通常会按照自身特色行事，慢、缺乏想象力、保守，于是草根歌手携着小众歌曲席卷而来。成熟的经济体在内部创新方面也是慢、心口不一、上下异心，于是创业者带着野拳法来了，谁行谁上。

074

不要妄图理解，不要只是抱怨，人性的沟回一点不比大脑沟回少。如果你希望世界是简单通透的，那么就先试着做一个简单的人。

075

阴霾的存在，有时会促使我们向内发现自己到底有多少光明。

076

　　敬爱一个人的方式就是，即使不在一起了，也要带着他最好的品质走下去。

077

　　做事情，得其法，则精深专注，在心智上也会有极大收获。劳动经验也好，行业规律也罢，说到底都是智商和情商，不管在哪个行业都一样。我所追求的，就是这个。做事情，通了，了然，能控制效果，那种快感是外人不可知的。

078

怕什么真理无穷，进一寸有一寸的欢喜。

作为杜威的门徒，胡适拿捏的是一种人生态度——放弃空谈，脚踏实地。如今，时艰仍在继续，我们需要的就是这份掷地有声的自我承诺和激励。

079

高兴经济学：用光一个东西常能给人带来很强的快感，例如用尽一瓶眼霜，写完一个本子，读透一本书。这种感觉是信心，也是鼓励，让人不会半途而废，不会奢侈无度。所以，在"断舍离"的新常态下，商家在产品设计上要增加跟家庭装、大包装形成对比的个人装、小包装。

080

　　虔诚地学习。世界上没有两片完全一样的叶子，也没有两个完全一样的动作。看似一样的促销、活动、策划，因为内部一两个细小的差别，一个成功了，一个失败了。掌握方法论，复盘、学习、实践，才能让你错少对多。

081

　　家，家人，是奋斗的动力和爱的源泉。无论贫穷富贵，起起伏伏，有家在，就心安。

082

知识要么改变命运，要么改变你对命运的看法，都是好事。

083

　　拥护企业正能量的人是最宝贵的种子。只需做好三件事：第一，永远对高要求、新任务说"是，我可以"；第二，永远对公司的政策、制度、人事变迁做正向理解；第三，在闺蜜团、"一起吃鱼团"、舍友、情侣等小团体中，要永远说好话，不要传播个人负面情绪。

084

让感性引领生活，理性控制工作。千万别弄反了。

085

　　在全民创业的浪潮中，合伙人成了一种标配。怎么看待合伙人？我想，首先，合伙人应该是促进自律的标尺，有他在，不敢懈怠，不敢愧对大伙儿的事业；其次，是种温暖，一想到在这个世界上，有个人不问缘由地站在自己这边，心就柔软了；再次，是种牵挂，先过事，再过钱，最后过人，于此生某段时光同进同退，这种托付难能可贵。

086

不要再问我对加班有什么看法，是高效的还是低效的，这跟问别人对婚外恋怎么看，对人权怎么看，先救媳妇还是先救妈一样，是个坑。你如果不是我公司的员工，加不加班与我有什么关系。你如果是我公司的员工，能在规定时间内完成自己的工作，甲方超级满意，那加不加班、下了班是谈恋爱还是会好友打游戏，也和我没关系；如果规定时间内干不完活，而且活还干得不好，又叽叽歪歪不加班，那你不用问，明天就别来了。我也没晒过自己加班的样子。就这样。

087

　　选择跟什么样的人亲近或疏远，就是在选择如何分配自己的生命力，宝贵的生命力。无趣的人不交；自私的人不交；不懂感恩，用人朝前，不用人朝后者不交。有那工夫，我看会儿书好不好。

088

　　你第一次发现员工做的事比你出色好多时，是啥感觉？我第一时间是感到欣慰，随即是冒冷汗。写稿子比我好，给客户的提案比我棒，创意比我多，我当然高兴，但我不服老，努力追赶，不能被落下。

089

　　删除，比写下来更难。简单直白比复杂繁冗有力十倍。想象子弹出膛，直击心脏，而那子弹却是从贪吃蛇口中吐出来的。审视你写下的文字，直到无可删除。

090

　　正能量，不是遇到啥事都乐呵，那是傻。正能量是跳出事件本身，站在更大的格局上，想象事件的走势、动态，主动选择良性的发展方向。让勇气、开放、宽容、淡定、喜悦成为人生的主基调，而不是愤恨、内疚、惭愧、逃避、沮丧和抱怨。有人修道，有人修禅，有人修正能量，各得其所。

091

　　有人写出了我心声：现在不少创业者将创业的重点放在了融资上，想尽一切办法去拿天使投资，再拿 A 轮、B 轮和 C 轮！我不明白，也不知道从什么时候开始，不少人将创业是否成功定义为是否拿到了融资，以致很多人都对创业产生了误解！我认为，创业就应该从怎么赚钱开始，哪怕只是赚几元，几十元！创业者就应该做商人，商人是以营利为目的的，别忘了。

092

女性力：女人最可贵的不是妩媚、漂亮，女性管理者最可取之处也不是忠诚、稳定、耐用，而是天真、感性，是无论在什么时候，都愿意用善意和柔软之心去理解这个世界。每当我感受到你们给予我的美好与信任，我都元气满满。

093

　　同频才能共振。有时候，沟通、洽谈、协商的双方会处在不同的频道上，也就是说，双方对某个事物的理解、对现有形势的认知、对工具的掌握、对关键绩效指标的设定，会有偏差。我会很怂地选择退出。培养客户和培育市场不是服务公司的使命，我们可以通过树立标杆来让市场理解某种打法，但确实无法与频道不同之人协作，因为消耗过多时间成本会挫败团队的积极性。在蓝海里，找到同频的客户，锁定、连接、共谋大业，才是对自己和团队最好的交代，才是让"六层"更市场化、更富竞争力的根本途径。

094

怵，害怕，恐惧。怵就是心中无术，对于没有办法、无力掌控的事，心里没底、不敢上手。掌握的工具和方法论越多，对未来就越有安全感，也就不怵了。

095

发展就是"算"，营销就是"变"，工程就是"赶"，成本就是"减"。

096

　　孵化就是，我有一片地，种上了葡萄苗。我真的愿意早起去松松土；半夜打着手电筒看看它有没有发芽；冬天给它盖上被子以免冻伤；春天给它除虫以免蛀坏了根。我愿意为此看书，学学怎么种葡萄；花钱引进好的秧苗；住在这块地旁边，早晚得见。你如果也这么对待你的葡萄苗，秋天就能吃上大葡萄。

097

　　身、心、灵合一，真是知易行难。"走慢点，等等灵魂"这句话并非适用于每个人，如果快节奏没有给你造成困扰，那么你就大踏步前进好了，魂儿自己跟着呢。如果你性子慢、无欲无求，那就慢慢来。毕竟一生那么短，没时间做个平庸的人。

098

　　职场关系与父子关系如出一辙。一个人和上司的关系，往往复刻了和父亲的关系。小时候得不到关爱和认可的孩子，长大就会特别努力，极度忠诚，渴望得到另一个父亲的迟到的关注。父亲平和开放，孩子长大后在处理上下级关系时就不会十分紧张，能找到真实的自我发展诉求。一个人成为别人的上司之后，又会下意识地扮演起父亲的角色，或多信任，或多怀疑，或多肯定，或多否定。在生活中，心理学的应用无处不在，认识自我的好处之一便是有机会修正自己。

099

　　专业上的精进，和学习国画的过程很像。初学时，见山是山，见水是水，提笔就写，率性而为，看见啥就写啥。过了四五年，见山不是山，见水不是水，能看见事物的变化，会思考背后的逻辑、匠心和差异。八到十年后，见山又是山，见水又是水，提笔就意，清清淡淡，而且准确、精练、直达要义。这种精进不能停，三层历练不断往复，不断在专业、管理和把控上叠加，就成了。

100

生活绝不是为了工作。工作，且把过程中的每个瞬间融入美好生活，这才是我所追求的。

101

最近，在"六层"里流传着这样一句话："按照自己的意愿过一生。"乍一听很张扬，其实却是一种回归。在我爷爷奶奶那个年代，人们出洋、闯关东、入行伍，日子过得鲜活而有姿态。我喜欢的女作家萧红，从东北走出来，旅居日本，蛰伏青岛，扬名上海，客死香港，一生虽短暂却纵情纵性。但从父母那辈开始，人们却循规蹈矩起来，上大学、考公务员、上班、供房，过着现代科举制下的八股人生。鼓足勇气，按照自己的意愿过一生，不被世俗的眼光所绑架，这是多么美好的发心，我举双手支持。有朋友打算一生纵情读书，也很好。

102

　　正能量是怎样练就的？很多人觉得我是个鸡汤厨子，有一大锅煮不完的鸡汤。其实我也有负能量、低潮期，只不过我已经学会和负能量和平相处，以及将其瞬间转化。愤怒、悔恨、内疚、迷茫、恐惧、怨恨等负能量会对心情造成很大影响。首先要做的就是直面它，承认自己愤怒、悔恨、内疚、迷茫、恐惧、怨恨；其次是去剖析成因；最后你会发现，这些糟糕的情绪大多是由你对事物的负面理解所造成的。事物本身是中性的，而你的理解和行为却带来了负面效应。那么，就调整自己。这套法则就是简单的情绪修行，越用越熟练，能让你更快承认情绪，更快找到成因，更快调整，甚至快到几分钟就调整好了。周而复始，情绪就会越来越稳定。所以，我不是鸡汤厨子，我是情绪管理高手。希望这个方法能对大家有所帮助，希望我身边都是李开心、程天笑、吴烦恼、刘快乐、齐欢笑。

103

　　疾与徐、虚与实、利与弊，本就是事物的两面。关于发展，不能只站在自己的角度上想问题。最近，因为两件事，旁人都说我"有点着急了"。深深反思，这种着急虽源于压力，但出现有失水准的操作就不好了，得放松心态，加速修炼；想当初，不也是放松下来才把对象找到的吗！

104

　　最难说出口，却最有价值的话是："我错了""是我的错""原因在我"；最容易说出口，却对自己毫无裨益的话是："不是啊""不赖我""是别人的事"。

105

对于成长的烦恼和代价，只有面对、接纳和理解，才能超越。

106

　　若论修炼"知行合一"，最好的方法可不就是创业吗！事务密度比其他的要大一倍；密度越大，知行的相互印证也就越多。快来创业吧，小伙伴！

107

　　以前我特别怕别人说我是个商人，直到近日，这心魔才被破除。商业的先进秩序、文明、公正，是一生也学不尽的科学知识。在你生命中出现的人们，以自身眼光定义着你，说你是创业者、商人、文人、叛逆者、创造者。不同的眼光丰富了你的人生，拓展了你的维度，不过，不管他人说什么，还是要走自己的路。

108

广告法则对"漂亮"的看法：第一，不唯漂亮论，销售力、成交力才是核心；第二，拥抱漂亮（设计感），毕竟在当下的商品环境中，设计感很重要；第三，超越漂亮，把漂亮当成要素之一，力求准确、标签化、可交互、数据可累计、场景权重可提升。

109

青出于蓝，"蓝"会是啥心情？首先是惊恐，一面惊叹"青"的文笔和表达能力超乎自己想象，一面叹息自己在精力、反应速度等方面已开始走下坡路；其次是释然，庆幸这么美丽的"青"，一茬茬地出现在自己的地垄沟里；再次是自勉，激励自己提起笔，重振精神，继续提升，拥抱变化，掌握新知。

110

从一堆令人眼花缭乱的事实中，把一个全新的东西指认出来，这就是思想的力量。

111

　　这不只是我的事业，也是我的人生啊！你不只是我的员工，也是我的兄弟！我没拿你当客户，我觉得我们是志趣相投的朋友啊！所有遇见，皆非偶然。

112

为正确的事努力，为值得的事低头。

113

广告行业的职业化程度不像其他行业的那么高，找不到称心如意的职业经理人，就得自己培养。在这个过程中，要付出很多代价、耐心、成本。最大的成本不是事故，而是有可能给他人做了嫁衣，但你还是要培养啊，因为唯有这样，公司才能进步，行业才能进步。

114

　　关于用人的一点思考：交代的事，干成了，可用之人；干不成，还找来一堆麻烦，赶快远离，礼送出境；无声无息，每次都要等你追问，赶快推荐到竞争对手那里去。

115

　　对于提出辞职的人，我很少苦苦挽留，觉得人家既然提出了辞职，定是有难解的心事，何必为了公司需求强人所难，做情感绑架。每个人都需要自己去成长。你没有穿他人的鞋，怎么知道他人的脚舒不舒服。人生，就是一个见天地、见自己、见众生的过程。我希望"六层"能陪你走上一段路，再祝福你去见天地和众生。加油吧，少年！

116

人的认知来自三个维度：真实的自我、拥有的物质和他人的评价。真实的自我越强大、越坚定、越健旺，后两者的重要性就越弱。

117

　　我是那种打小就倒霉的人，用天津话来说叫"落配"。这种经历给了我很难得的视角：春风得意时，人是外放的，外部名利追逐不尽，对家的感知不太敏锐，总想往外跑，还有吃不尽的饭局；灰暗萧瑟时，人是内收的，常常反思和感怀，对爱异常敏感，一盏茶一碗汤，几句絮絮叨叨的家常话，足矣。所以，在历经沉浮后，我常在街头暗问自己，"不妙之事何时到来"。这种心情是安稳的，经历过便知其不可怕。吉事来时，名利便来了，驶尽风帆好做舟；凶事来时，爱也来了，顺势投入温暖乡。

118

开放，再开放，在你觉得已开到尽头的时候，再开一点；分享，再分享，在你觉得已无可分享的时候，再分一些出去。

119

　　我找到了对"广告狗"的新诠释：在成人的世界里，不爱读书之人有机会接触到的最后一些信息和图片就是广告了。通过努力，如果能让广告不粗俗，更雅致；不低级，更高阶；不浅白，更有韵味，岂不是一件很有意义的事情？借助广告，去改变和提升世界的审美水平。一想到这伟大的使命，就想像狼那样一路狂奔！

120

在中国，最好学的人是中小企业的老板，作为创业者，他们拼命学习新知，以期自己能走向更高维度，市场份额能得以扩大，财富能得以增加，格局能得以提升，企业能得以长青。

121

　　按照自己的意愿过一生，最重要的前提条件不是钱、不是闲，是找到自己的意愿。从父母的期盼、社会的评价，以及他人的价值体系中挣脱出来，还原自己的意愿，真的很难。

122

　　自恋是正能量之始，因为你认为自己相当自洽，对自我的认知也很正向。多多自恋吧！

　　　　　　　　　　——歪理邪说闭环专家张高兴

123

人类兼具自然之子和文明之子两种属性。自然之子一看见山、水、花、海就莫名开怀，如果你热爱诗和远方，那么你的自然之子便已觉醒。文明之子雄心勃勃，热衷于创造、升职、加薪，甚至是扩大城市和国家的规模。二者之间的矛盾令人迷惘，引人深思，只有当它们和谐共生时，人类才能创造出各自的小宇宙。

124

古人用"奴、徒、工、匠、师、家、圣"七个层次来诠释人生之路。奴,非自愿工作,需要别人监督鞭策;徒,能力不足但自愿学习;工,按规矩做事;匠,精于一门技术;师,掌握了规律,并传授给别人;家,有一个信念体系,能让别人生活得更美好;圣,精通事理,通达万物,为人立命。

125

一旦拥有了思想，就有了俯瞰问题的全景视角，也有了心灵上、精神上、物质上的多重自由。

126

在工作中，别侥幸少做了什么领导发现不了，也别怕付出了什么领导看不见。他有工作经验、精力充沛、熟悉流程，一看到结果就能复原出你做事的过程，就能判断出你走没走心。

127

　　有种幸福，就是你发现你朦胧所想之事，大师早已精确表达；有种遗憾，就是你发现你朦胧所想之事，大师早已精确表达。

128

有一句话你一定听过："一个人的朋友代表了他的底气，一个人的对手体现了他的高度，一个人的老师能知道他的深度。"可你想过没有，这几个参数是终生不变的吗？随着自我的提升，你能主动或被动地改变这几个参数吗？这几个重要参数被改变后，你还能再度得到提升吗？

129

其实每个人都有信仰。有人信奉真善美，有人信奉家族的富有和强大，有人信奉不吃亏。就算那些只知道买买买的人，也是有信仰的啊，信奉消费主义，追求更大的房子、更好的车、更贵的包包。读书、听音乐、看画展，可以让人远离消费主义，亲近人文主义。真的，GDP 不可能无限增长，人的一生不可能无限获益，迟早有一天，那样的追名逐利会令你精疲力竭、坠入虚无。亲近人文主义，追求智慧的增进，是平衡之路的起点。

130

对于职场人士而言，何谓职场忠诚？仅仅是年复一年地服务，不离不弃吗？忠诚，应该是能深刻理解企业文化，能跟随公司一起成长；倘若双方的成长速度不再匹配，在愉快地分手后，仍抱有相同的价值观，心存暖意与关怀，能为老东家点赞，这才是高级的职场忠诚！

131

宁高宁先生的《企业经理人 100 问》犹如一首长诗，每每读到，皆会令我沸腾！推荐给大家：

你精力充沛不知劳累吗？

你总觉得眼前的一切不够好，你想改变它吗？

你有科学专业的原则和精神吗？

你能发现问题，提出解决方案并把它完成吗？

你能有意识地建立管理系统让运营更畅顺，让错误不重犯，让组织一起进步吗？

你对人性有深刻的认识吗？

你对社会环境有深切的认知吗？

你的人生定位、生活目标与社会、公司、家庭的目标一致吗？

你明白你的任务是看管别人的财物吗？

你心理上舒舒服服地接受了你是放牛娃吗？

你真心地认为人人是平等的，每个人都是要尊重的吗？

你可以是理想主义者又是完美主义者又是现实主义者吗？

你可以并不十分在意个人的金钱回报吗？

你赞成企业的本质是科学加信任吗？

你能组建并带领团队吗？

你可以把任何项目都在几分钟内在心中算出一个基本回报吗？

你可以很快对问题不仅仅是评论甚至批评而且

可以找出原因并教育团队吗？

你有能力控制风险吗？

你有良好的价值观和信仰原则吗？

你心口一致吗？

你敢反思批评自己吗？

你敢承担责任吗？

你时刻准备着明天你可能会被免职吗？

你敢做出及时的决策吗？

你敢大胆起用有能力有潜力的人吗？

你有带动力吗？

你是汗水泪水泥水满身的登山领头人吗？

你好胜吗？

你要荣誉？

你能把利益平衡好让大家都感觉公平并为了共同目标充满激情地快乐奋斗吗？

大家认同你的目标和信仰吗？

关键时刻你能冲锋吗？

你能把信送给加西亚吗？

你能一针见血解决问题吗？

你能放权授权让团队发挥吗？

你能总结经验教训让大家更聪明吗？

在集体目标的追求中你受感动吗？

你做正确的、专业的事吗？

你坚持持续地做正确的事而不因眼前的诱惑而取巧吗？

你的思想和做法会给组织带来目标驱动和奋斗

的压力吗？

你有第二梯队可以随时接替你吗？

你能理解人是暂时的企业是长远的吗？

你能规划一个大计划吗？

你能调动组织所有的资源来促成这一计划吗？

你有不断释放正能量乐观向上的精神吗？

你是业绩导向结果导向吗？

你关注费用成本投入产出，你是当家过日子的人吗？

你可能是好成员但你是好领导吗？

你是有些天真烂漫的奉献者吗？

你铁面无私吗？

你是严厉的长官吗？

你菩萨心肠吗？

你柔情似水爱你的团队吗？

你能集思广益群策群力又能力排众议坚持担当吗？

你的底线原则在哪里？

你能把小业务做大吗？

你能把坏业务做好吗？

你能无中生有创立别人想不到的业务吗？

你很少怨天尤人吗？

你的观察思考是系统的吗？

你能承担过错分享功绩吗？

你的战斗激情可以长期持续吗？

你天文地理古今中外精神物质科学技术都略知

一二吗?

你驾着企业这艘船知道要去哪里吗?

你能把握转折点完成关键资产技术产品布局,把企业带入新阶段吗?

你不断关注了解外面的世界吗?

你了解竞争对手和行业趋势吗?

你关注热爱敬畏你的客户吗?

在企业环境困难的时候你是忍辱负重者吗?

在企业顺利的时候你是衷心喜悦的祝福者、捍卫者和不断警醒者吗?

132

　　受行业变革和产业升级的影响，很多中年人在生产效率、生产结果等方面遇到了挑战。他们难免会觉得自我价值降低了，所以很迷茫。这个时候，最需要做的是学习，迅速提升核心竞争力，通过知识的再组合、理念的再升级，去突破思维定势，毕竟钥匙还在你手里。倘若不面对、不承认、不学习，那么在行业完成变革全部后，你定会悲痛欲绝。

133

别人的底线是你的极限，真是痛苦。你千辛万苦、夜夜不眠，可别人还是不满意，怎么办？只能突破自己的极限。并不是人人都有拖延症，但人人都有恐惧症，爱干的、简单的事情不拖延，艰难的、复杂的、有风险的事情永远不开始！那么，就从面对难事开始吧。

134

年轻的职场人士最好给自己树立一个职业偶像，以明白天地之大、标准之高、手艺之深，切莫懈怠，切莫造次。在成长之路上，能有明确的目标，定比浑浑噩噩、迷茫前行要好得多。这个目标不能定得太低，否则你就会像玉蛟龙一样，在超越了师傅之后，堕入一片可怖的空虚。

135

来说说职场背景调查这件事。职场背景调查相当于职场信用卡的申请单。我以前总觉得这事离自己很远，只有五大行、年薪三十万起的职位，或者金融行业才会这么兴师动众。我想错了，职场背景调查其实是成熟的人力资源流通系统中一个正常的工作环节。这一年，我接到过两次调查，"六层"的前员工投简历到甲方，甲方找到我，问这个员工怎么样。几年前，我还幼稚，秉承隐恶扬善之心，就一律以"好好好"作答。现在，我觉得给出客观评价，才是对员工和对方企业负责。曾经，我们不重视信用，拿着卡一味刷刷刷，不如期还款，可是到了买房那天，赫然发现贷款如此之难。职场信用也一样，积极阳光的心态，有始有终的付出，感恩团结的情绪，都是职场信用的砝码。反之，亦然。

136

　　我理解的管理：公司就是伯乐，人才是千里马。公司不是驭马的骑手，那样反而限制了马。公司是弼马温，专门负责给马添草料、清理马粪、给马洗澡、除虫，让马毫无负担地快乐驰骋。如此，人才和企业就形成了良性互动。

137

　　初心，强大且清澈。只有不忘初心，才能继续勇猛精进。

138

　　任意两个人就能形成一种关系，譬如父子、母女、夫妻、好友、合伙人。只要是关系，就很难平衡。付出是感性的，索取是理性的。付出时，一厢情愿、掏心掏肺；索取时，分毫必争、患得患失。唯有抱着"我对你的好，你懂就好；你对我如何，我不强求"的想法，既不感性也不理性，真实地付出，才能让自己先得到平衡。

139

如果说学习是一种拥抱竞争的姿态，那么旅行则是远离竞争，抛开功名利禄，获取片刻安宁，从而让自身精力得以回归的休憩。二者，缺一不可。

140

在年轻人的处世习惯中，有一个小细节是需要注意的，那就是"面子太薄，爱惜羽毛"。这种心态体现在：犯了错不能挨说；事情稍微有些难为人就开始焦虑；在办难度较大、较复杂之事的时候张不开嘴；等等。其实大可不必如此，面子是这个世界上特别不重要的东西之一，实力、能力、水平才是真资源。因为面子薄而无法敞开胸怀接受批评，岂不是会错失改进的机会？

141

狼性很好，理性更好。

142

平凡又渴望不凡；想要入世证明自己，又恨不得出世逃离；怕世界不知道自己是谁，又希望世界忘了自己；对于人生这件事，一会儿想得明白，一会儿稀里糊涂，这不就是我们的写照吗？

143

　　好好说话是每个人必备的修养。修养是普适性的，没有职位高低之分，也没有年龄之别。对于那些不会好好说话的人，我猜：第一，工作能力不够，驾驭不了现在的工作，所以急躁；第二，表达能力不强，说不清楚自己想要什么，所以急躁；第三，逻辑思维能力不强，心中没有章法，所以急躁。我见过的大人物，既能胜己任，又能指导他人，举重若轻，而且都懂得如何好好说话。

144

要强大，不要强势。强大是真诚地面对得失、成败、生死，是把重的看轻；强势是傲慢，是厉害劲儿，是把轻的看重。

145

不惑即定，定能生慧。四十岁，是一半的力量与一半的温柔，是一半的沧桑与一半的坚守；是一半的新的我们，从旧的我们里启程；是一半的旧的我们，从新的我们里复出。

146

年纪越长，越能感觉到"君子之交淡如水"的可贵。两个灵魂天各一方，却彼此投射出认同、欣赏和维护；每每相逢，生命之火就在两人之间暖烘烘地燃着。就算没在一起，一想到拥有这样的朋友，也会心微笑。不结党营私，以免最后因私欲离散了友情；不党同伐异，以免在亲近中狭隘了自己。世界上有很多不同的声音，请欣赏每一种。

147

　　真正的品牌是什么？应该是企业管理者穷尽一生，甚至几代人的努力，不惜代价去追寻的理想，而非只是一种手段。纵览营销学和企业史，让我热泪盈眶的瞬间比比皆是，这是幸运还是不幸？

148

一个人经济：最早看见有关日本"一人食拉面馆""一人食火锅"的社会新闻时，觉得奇葩。后来，随着都市化进程的加速，在天津，"一个人"的消费场所出现得越来越多。离婚男女、剩男剩女、婚内的孤家寡人、选择孤独的人，一个人唱着歌、看着电影、吃着晚餐、逛着街。从这个角度来看，酒店式公寓这个产品也是"一个人"经济的重要组成部分。

149

何为贵人？我们一直渴望能遇见贵人，因为那意味着被提携、照拂和引领。那么，什么样的人才算是贵人呢？依照《说文解字》中的拆字法，用"中正"的办法帮你取得宝贝的人，就是贵人。用心中正，不偏不倚，才能让福气久长。

微领悟

你的人生经历或职业阅历给你的最大启发